AF278696

MONTESQUIEU A L'ABBAYE DE NIZOR ;

Par M. François SACASE, un des
quarante Mainteneurs.

Lu en Séance ordinaire.

LE pays de Comminges possédait, avant 1789, entre
autres maisons religieuses, deux abbayes liées l'une à
l'autre par une antique filiation et issues toutes deux
de cette organisation bénédictine qui, presque au
lendemain de la fondation de Cîteaux, couvrit l'Europe occidentale, et à laquelle échut la double mission
de défricher le sol de la vieille Gaule et d'ouvrir un
asile aux monuments épars de l'esprit humain.

Une de ces abbayes, la plus ancienne, celle de Bonnefont, était assise, au-dessus de Saint-Martory, dans
le creux d'un vallon désert et sur un de ces plateaux
qui forment les derniers échelons des Pyrénées, en
descendant graduellement vers la plaine. Elle avait
été fondée, en 1136, par Bernard II, comte de Comminges. Elle devint une des plus importantes abbayes
du Midi, et sa filiation s'étendait jusqu'en Espagne.

L'autre, celle de Nizor ou Bénissons-Dieu, avait été
construite, dans une contrée voisine, sur les bords de
la Gesse, entre Blajan et Boulogne. Elle était fille de

Bonnefont. Des moines sortis de cette dernière abbaye la fondèrent vers 1184.

Elles répondaient toutes deux, par leur site, à la destination commune des monastères cisterciens qui, on le sait, s'élevèrent presque toujours dans les vallons marécageux ou boisés et le long des cours d'eau, dans ces cantons reculés où la charrue n'avait pas encore entamé la glèbe, et c'est bien ainsi que nos campagnes, aujourd'hui si florissantes, sont, comme l'a dit Châteaubriand, en partie redevables de leurs moissons et de leurs troupeaux au travail de ces moines, vrais pères de notre agriculture.

Deux bénédictins célèbres, Dom Martenne et Durand, visitèrent les deux abbayes dans les premières années du xviiie siècle, et la relation qu'ils ont laissée de leur savant pèlerinage (1) contient ce qui suit sur l'abbaye de Nizor : « Nizor. Fille de Bonnefont, dont les restes nous font croire que la fille valait bien la mère et que ce n'est pas sans raison qu'on l'appelait *Benedictio Dei.* Aujourd'hui elle est toute ruinée, mais l'église est encore tout entière et très-belle. Nous fûmes fort bien reçus par le prieur, homme d'esprit et de mérite. Nous y travaillâmes le jour suivant, et le lendemain nous partîmes pour Fabas. »

Il ne reste guère plus rien de ces deux abbayes. Si on aperçoit de loin, sur la croupe d'une colline, debout, mais presque chancelant, un pignon de l'église de Bonnefont, dont la hauteur dépasse la cîme des chênes qui l'entouraient, Nizor se décèle au voyageur par une ruine encore plus informe. A moins que des mains pieuses ne se hâtent de les relever, ces débris eux-mêmes auront bientôt disparu, et là, comme

____

(1) *Voyage littéraire de deux religieux de la Congrégation de Saint-Maur,* t. 1.

ailleurs, on perdra le dernier vestige de ces époques auxquelles nous n'appartenons plus que par le lien des souvenirs et des monuments conservés.

En 1743, Joseph Secondat de Montesquieu, doyen de la vieille collégiale de Saint-Surin, de Bordeaux, devint abbé de Nizor. Le nom qu'il portait était déjà connu de toute l'Europe par des productions accomplies sous le rapport de l'art : les *Lettres persanes* que l'auteur avait écrites, a-t-on dit, pour un monde curieux et dissipé qu'il fallait d'abord amuser pour avoir le droit de l'instruire, et les *Considérations sur la grandeur et la décadence des Romains*, dans lesquelles, évoquant le génie politique du plus grand peuple de la terre, le publiciste, qui s'appelait Charles-Louis Secondat de Montesquieu, en avait, avec une brièveté si puissante, marqué et résumé les traits. La plus vive sympathie unissait ces deux frères, et ceux qui, de nos jours, visitent ce château de la Brède, à l'architecture si originale et qui se dresse fièrement comme un témoin intact et robuste de notre dernier âge féodal (1), peuvent voir encore aux murs de la chambre où s'écoulèrent tant de veilles glorieuses, le portrait de l'abbé de Secondat à côté de celui de la duchesse d'Aiguillon.

Il n'y aura donc pas lieu d'être surpris qu'un jour l'abbé de Nizor, se trouvant aux prises avec un puissant voisin, le seigneur de Gontaut-Biron, qui lui disputera la juridiction sur une des terres de l'abbaye, appelle au secours de son droit menacé l'ancien président à mortier qui passait d'ailleurs, ce semble, pour un assez docte feudiste et comme tel probablement apte à débattre et résoudre un intérêt de cette nature. Ce litige, mélangé de droit civil et féodal, de-

---

(1) Il fut bâti sous Charles VII pour servir de château-fort.

vait faire revivre, pour celui qui en devenait l'arbitre, le souvenir d'un autre procès qu'il avait lui-même, non sans péril pour sa popularité, soutenu contre la ville de Bordeaux, au sujet des limites alors incertaines des paroisses de Martillac et de Leugnam. Il avait été évident pour tous que les mémoires qui parurent alors contre le syndic de la ville divulguaient, à ne point s'y méprendre, par le tour rapide et incisif de la discussion, leur véritable origine. Bien qu'il eût singulièrement médit de la procédure, on put remarquer que Montesquieu en avait fait cette fois un assez profitable usage pour lui-même, car il lui dut la mise en possession d'un domaine agrandi et bientôt transfiguré par ses mains. On sait effectivement qu'ayant, au terme de cette lutte, soutenue avec un peu trop d'âpreté peut-être, contre la grande cité qui était son berceau et qui en a toujours porté fièrement la gloire, obtenu une étendue considérable de terrains sablonneux, il les défricha et y créa, à force d'art et d'efforts, une sorte de paysage anglais, pour lequel il sollicitait avec un naïf orgueil l'admiration de son ami l'abbé de Guasco. Le grand homme aurait donc à descendre cette fois encore de ce faîte d'où il avait jeté un vaste et perçant regard sur les institutions humaines pour aborder l'étude d'un litige dont l'objet devait peu le captiver. Quelque vulgaire que fût cette tâche, l'affection la lui ayant imposée, il l'accepta.

Il faut dire aussi que l'existence d'un écrivain n'était plus ce qu'elle avait été au siècle précédent, c'est-à-dire calme et discrète, enfermée dans le culte exclusif des lettres et s'en laissant bien rarement distraire. Au prodigieux travail des esprits qui remplit le xviiie siècle, à l'activité d'une littérature hardie se joignit, chez ceux-là même qui lui avaient donné le plus d'éclat, le goût des controverses courantes et des affaires ; la vie contentieuse ne leur déplaisait pas, et quelques-uns mêlèrent le bruit de leur plume étince-lante aux luttes du Palais.

Le 8 août 1752, Montesquieu écrivait à son ami l'abbé de Guasco : — « Madame de Montesquieu, M. le doyen de Saint-Surin et moi sommes actuellement à Baron, qui est une maison entre deux mers, que vous n'avez point vue. Mon fils est à Clérac que je lui ai donné pour son domaine avec Montesquieu. Je pars dans quelques jours pour Nizor, abbaye de mon frère : nous passerons par Toulouse, où je rendrai mes res-pects à Clémence Isaure, que vous connaissez si bien. Si vous y gagnez le prix, mandez-le moi ; je prendrai votre médaille en passant : aussi bien n'avez-vous plus la ressource des intendants. Il vous faudrait un homme uniquement occupé à recueillir les médailles que vous remportez. Si vous voulez, je ferai aussi à Toulouse une visite de votre part à votre Muse, madame Mon-tégu (de Montégut), pourvu que je ne sois pas obligé de lui parler, comme vous faites, en langage poétique.»

Il paraît, si mes recherches n'ont pas été fautives, que le prix du collége d'Isaure n'avait été cette fois que le rêve et l'illusion d'une confiante amitié. Quant à l'hommage, qu'au nom du savant abbé, Montesquieu se chargeait d'offrir à une femme qui fut poëte par le cœur comme par le talent, on ne sait non plus ce qu'il fut, mais on peut croire qu'il ne dut rien per-dre, en tout cas, dans l'inspiration poétique et dans l'accent, à passer par la bouche d'un tel interprète.

Montesquieu était rentré le 4 octobre suivant dans son séjour favori de la Brède, car, sous cette date, il écrivit encore au même abbé de Guasco : « Votre lettre, mon cher comte, m'apprend que vous êtes à Paris ; et je suis étonné moi-même de ce que je n'y suis point. Le voyage que j'ai été obligé de faire à l'abbaye de Nizor avec mon frère , qui a duré près d'un mois , a rompu toutes mes mesures , et je n'y serai qu'à la fin de ce mois ou au commencement de l'autre ; car je veux absolument vous voir et passer quelques semaines avec vous avant votre départ... »

Il est digne de remarque que Montesquieu ne précise pas dans sa correspondance l'objet de son voyage à Nizor. Peut-être lui en coûtait-il , quand il avait autrefois , par la bouche d'Usbek , reproché aux dervis, c'est-à-dire aux moines , d'accumuler trop de richesses dans leurs mains , et de toujours prendre sans jamais restituer à la circulation ce qu'ils en retiraient , d'avouer qu'il allait maintenant aider un couvent à recouvrer un bien que lui disputait un seigneur de Gascogne , et cependant il est impossible d'assigner à ce voyage un autre but. Il dit lui-même que ce voyage avait été nécessaire , et on ne voit pas quelle autre nécessité aurait pu le faire entreprendre. Du reste , la coexistence du voyage et du procès entre l'abbé et le seigneur n'est point douteuse. La contestation se mouvait alors , et son histoire peut s'écrire encore à l'aide de documents qui ont survécu à la destruction du monastère et que la Révolution a épargnés. Or, ils apprennent que, peu de mois après , une transaction intervint pour clore le litige , et ce fut la présidente de Montesquieu, Jeanne de Lartigue, qui , du château de la Brède , envoya un mandataire pour représenter l'abbé dans cet acte. Celui-ci était déjà retourné avec son illustre frère à Paris , où il séjourna souvent , et qui sait même si la singularité de cette existence nomade n'inspira pas à Montesquieu une de ces vives saillies qui lui étaient familières et qui sortaient de ses réflexions de chaque jour , tantôt sous une forme spéculative et grave , tantôt sous une forme moqueuse et légère ? N'a-t-il pas écrit quelque part que, « si un

Persan ou un Indien venait à Paris, il faudrait six
mois pour lui faire comprendre ce que c'est qu'un abbé
commendataire qui bat le pavé de cette ville. »

On dira, peut-être, qu'à tout prendre, ce voyage
dans le Comminges aurait été un de ces incidents or-
dinaires qui ont, quelque égard qui s'attache à l'éclat
d'une illustration, à peine assez d'attrait pour défrayer
une curiosité frivole. Sans doute ; mais l'intérêt vraiment attachant de ce souvenir, le voici :

Une tradition s'est transmise dans la contrée où
s'élevait autrefois l'abbaye de Nizor, et elle y dure
encore. Des esprits inattentifs ont cru longtemps que
Montesquieu écrivit, dans cet asile de la pensée aus-
tère et religieuse, non le plus léger, mais le plus hardi
de ses écrits et celui où il a prodigué ces témérités de
pinceau qu'il se reprocha plus tard lui-même. Assu-
rément, il serait vain d'y insister ; il y a là plus qu'un
anachronisme moral. Depuis plus de trente ans déjà,
le bruit que firent à leur apparition les *Lettres persanes* avait retenti à tous les souffles de la renommée.
Toutefois, s'il n'est point rare qu'une tradition s'altère
en s'éloignant, il ne l'est pas non plus qu'en remon-
tant son cours, on ne parvienne à en saisir le vrai
sens et la filiation, et c'est à éclairer ce point d'histoire littéraire que je vais maintenant m'attacher (1).

Suivant un récit emprunté à une époque de réaction
violente contre le clergé et probablement exagéré aussi
par les passions dont elle s'inspira, des obsessions

____

(1) Montesquieu eut un secrétaire qui l'aidait dans ses travaux et
qui écrivait sous sa dictée pendant le séjour qu'il fit à Nizor. C'était
un jeune homme de Blajan, qui s'appelait Bernard Bordes, et qui
fut notaire de 1767 à 1808. De longues recherches ont été faites
dans son étude et les papiers de sa famille, pour y découvrir quelque particularité relative au séjour de Montesquieu. Elles n'ont eu
aucun résultat, mais, indubitablement, on n'a pas besoin de cher-
cher ailleurs l'origine d'une tradition qui s'explique si bien.

auraient été exercées sur Montesquieu , à son heure suprême, pour en obtenir la rétractation de ce qu'il avait écrit d'irrespectueux envers la foi, et le grand homme aurait été inquiété jusque dans les bras de la mort (1). A travers les artifices prémédités de ce récit, un fait se montre pourtant avec son incontestable gravité, et il n'est dénié par personne. Montesquieu, arrivé à sa dernière heure, aurait remis à la duchesse d'Aiguillon et à Mme Dupré de Saint-Maur un exemplaire corrigé des *Lettres persanes,* en leur disant: « Voyez avec mes amis si cela doit paraître. » Or, quel usage fit-on de ce libre mandat qu'accompagna le don d'une main mourante? Est-il besoin de le dire? On choisit la voie qui devait plaire surtout à la triste philosophie qui régnait alors. Les corrections ne furent pas publiées, et un voile a été jeté, pour toujours peut-être, sur un noble désaveu. Ce n'est pas qu'on dût aller jamais jusqu'à dénaturer un chef-d'œuvre dont toutes les parties se lient dans l'impérissable originalité d'un style qu'il eût été téméraire à Montesquieu lui-même de refondre. Mais, ne pouvait-on , sans altérer un texte immortel, mettre en regard des jugements que Montesquieu avait portés sur la foi chrétienne, ce qu'il en pensa, lorsqu'il eut échappé au joug d'une société frivole et licencieuse qu'il avait subi un jour. Il semble qu'il n'eut rien perdu devant la postérité , à cette loyale réhabilitation faite sur lui-même, et on dirait vraiment que cette dernière séduction a manqué à son noble génie.

Il lui aurait suffi à la rigueur, sans doute, d'avoir

(1) La relation publiée par d'Arcet dans l'édition de Plassan (*Œuvres posthumes de Montesquieu*, in-12, an vi), et reproduite dans la plupart des éditions qui ont paru depuis, s'éloigne, sur quelques points, de celle que publia dans les journaux du temps la duchesse d'Aiguillon. J'espère revenir un jour sur un récit trop facilement accepté.

écrit *l'Esprit des lois*, et Châteaubriand a dit avec son grand langage : « Si Montesquieu, dans un ouvrage de sa jeunesse, laissa tomber sur la religion quelques-uns des traits qu'il dirigeait contre nos mœurs, ce ne fut qu'une erreur passagère, une espèce de tribut payé à la corruption de la régence. Mais dans le livre qui a placé Montesquieu au rang des hommes illustres, il a magnifiquement réparé ses torts, en faisant l'éloge du culte qu'il avait eu l'imprudence d'attaquer. La maturité de ses années et l'intérêt même de sa gloire, lui firent comprendre que, pour élever un monument durable, il fallait en creuser les fondements dans un sol moins mouvant que la poussière de ce monde; son génie, qui embrassait tous les temps, s'est appuyé sur la seule religion à qui tous les temps sont promis (1). »

Ecoutons maintenant Montesquieu lui-même. Voici ce qu'il écrivait, au lendemain de son retour à la Brède, dans cette même lettre du 4 octobre : « Huart veut faire une nouvelle édition des *Lettres persanes :* mais il y a quelques *juvenilia* que je voudrais, aupavant, retoucher; quoiqu'il faut qu'un turc voie. pense et parle en turc et non en chrétien : c'est à quoi bien des gens ne font pas attention en lisant les *Lettres persanes.* »

Il n'est pas impossible de deviner ce qui avait inspiré le projet de cette nouvelle édition.

Personne n'ignore que Montesquieu s'était vengé d'une censure intempérante de *l'Esprit des lois* par un nouveau chef-d'œuvre. Mais à peine sa *Défense* eut-elle réduit un adversaire au silence, qu'il s'en éleva un autre, mieux armé cette fois, et qui s'attaqua uniquement aux *Lettres persanes* (2). On était en 1751. Il

____

(1) *Génie du christianisme*, 3ᶜ partie, liv. 4, ch. 5.

(2) *Les Lettres persanes convaincues d'impiété*, par J.-B. Gauthier, théologien, in-12.

faut reconnaître que la contradiction venait un peu tard, mais le but secret de celui qui la souleva ne fut-il pas de tirer vengeance à son tour de la dernière polémique de Montesquieu et d'inquiéter son récent triomphe? Ce nouveau contradicteur justifia le long ajournement d'une réfutation par les circonstances même au milieu desquelles parurent ces fameuses lettres, et par le bruit qui se fit à cette époque autour de la bulle *Unigenitus* et la division qu'elle sema dans le clergé. Mais, abordant le fond des doctrines qu'il avait à combattre, il les mesura du premier coup et montra qu'elles n'étaient qu'une nouvelle et téméraire reproduction des lieux communs de l'incrédulité. Il eut toutefois le tort d'y méconnaître les grâces du langage, et il s'oublia jusqu'à appeler Montesquieu un *petit écrivain!* Il est certain qu'une fois portée à ces sommets, la réputation d'un écrivain doit être respectée de ceux-là même qui sont résolus à en contester le prestige. Que prouvait-il d'ailleurs par là? Qu'il n'avait pas su admirer, sous les parures de la fiction, une des plus belles formes de l'art, ni su comprendre ce tour de l'esprit qui avait fait donner à Socrate, par ses concitoyens, le surnom de *l'Ironique*, et qu'à coup sûr l'auteur des *Lettres persanes* eût partagé avec lui, s'il eût habité Athènes et vécu dans cette antiquité dont le souvenir l'enchantait. A part ce blasphème littéraire, la réfutation était conduite avec une grande vigueur et une concision éloquente. Elle était même, en un sens, modérée, en ce qu'elle n'était qu'une œuvre de théologien; que celui-ci n'y combattait que dans l'intérêt des vérités religieuses, gardant le silence sur les vérités de l'ordre politique dont la plupart étaient alors des nouveautés, qui aujourd'hui brillent sans aucun doute de leur propre évidence, mais dont, en 1721, il fallait préparer l'avénement.

Soit méfiance contre une tâche ingrate qui le contraignait de justifier ce qui ne pouvait l'être, soit lassitude, soit enfin que sa vue ne lui permît plus d'écrire, car il avait dit avec une mélancolie éloquente : « Les lectures m'ont affaibli les yeux, et il me semble que ce qu'il m'en reste encore de lumière n'est que l'aurore du jour où ils se fermeront pour jamais, » Montesquieu se tut. Mais il dut porter longtemps en lui-même le souci d'une erreur de sa jeunesse qui lui était démontrée avec cette précision et cet éclat. Nul doute aussi qu'il n'ait été impatient d'en affranchir sa gloire.

Pourrait-on s'étonner, quand tout l'y conviait, que ce dessein eût été mûri par lui dans le séjour qu'il fit au monastère de Nizor, et qu'il l'y eût même, sinon achevé, du moins entrepris ? Il y avait vu de près quelques-uns de ces pieux solitaires, dont il avait autrefois, de son burin cruel, tracé une si fausse image. Il avait dû sans nul doute recevoir une vive et durable impression de ce lieu plein d'apaisement, demeure ouverte seulement à la prière et au travail, défendue par son enceinte contre le bruit d'un monde dissipé, et qui, comme on l'a dit des cloitres en général, ne semblait respirer que du côté du ciel. Pour une âme si haute, l'épreuve dut être décisive, et en s'éloignant de cette sainte maison où il avait reçu, pendant quelques jours, une hospitalité offerte avec candeur, l'auteur des *Lettres persanes* emporta avec lui, croyons-le, une grave et généreuse résolution.

Ainsi s'expliquerait la tradition persistante que j'ai dû rectifier avec la correspondance de Montesquieu lui-même. J'oserai y joindre le vœu que d'actives recherches, comme il s'en fait tant dans ce siècle curieux, qui s'impose le soin de restaurer le texte des grands écrivains pour les faire plus fidèlement revivre, conduisent à la découverte de ce précieux exemplaire, légué par Montesquieu à ses deux amies, et le témoin incorruptible de sa dernière pensée. Quelle inestimable addition à ses œuvres ! Premièrement, elle y ramènerait l'unité et l'accord ; elle reléguerait à son vrai rang tout ce qui est indigne du génie tempéré de Montesquieu, qui en est comme une inconséquence manifeste, et fait contraste à l'élévation sereine, à l'équité supérieure qui éclatent à chaque page de l'*Esprit des Lois*. Elle ne pourrait ensuite que rehausser son prestige, qu'étendre le cercle de ses admirateurs, et que ramener à ses leçons immortelles beaucoup de ceux qui s'en éloignent. En effet, qu'il y ait là prévention religieuse ou défaillance politique, Montesquieu n'est pas assez lu, et en aucun temps il n'a été assez écouté, ce sage conseiller des peuples !

Toulouse, Impr. Douladoure ;
Rouget frères et Delahaut, succrs, rue Saint-Rome, 39.

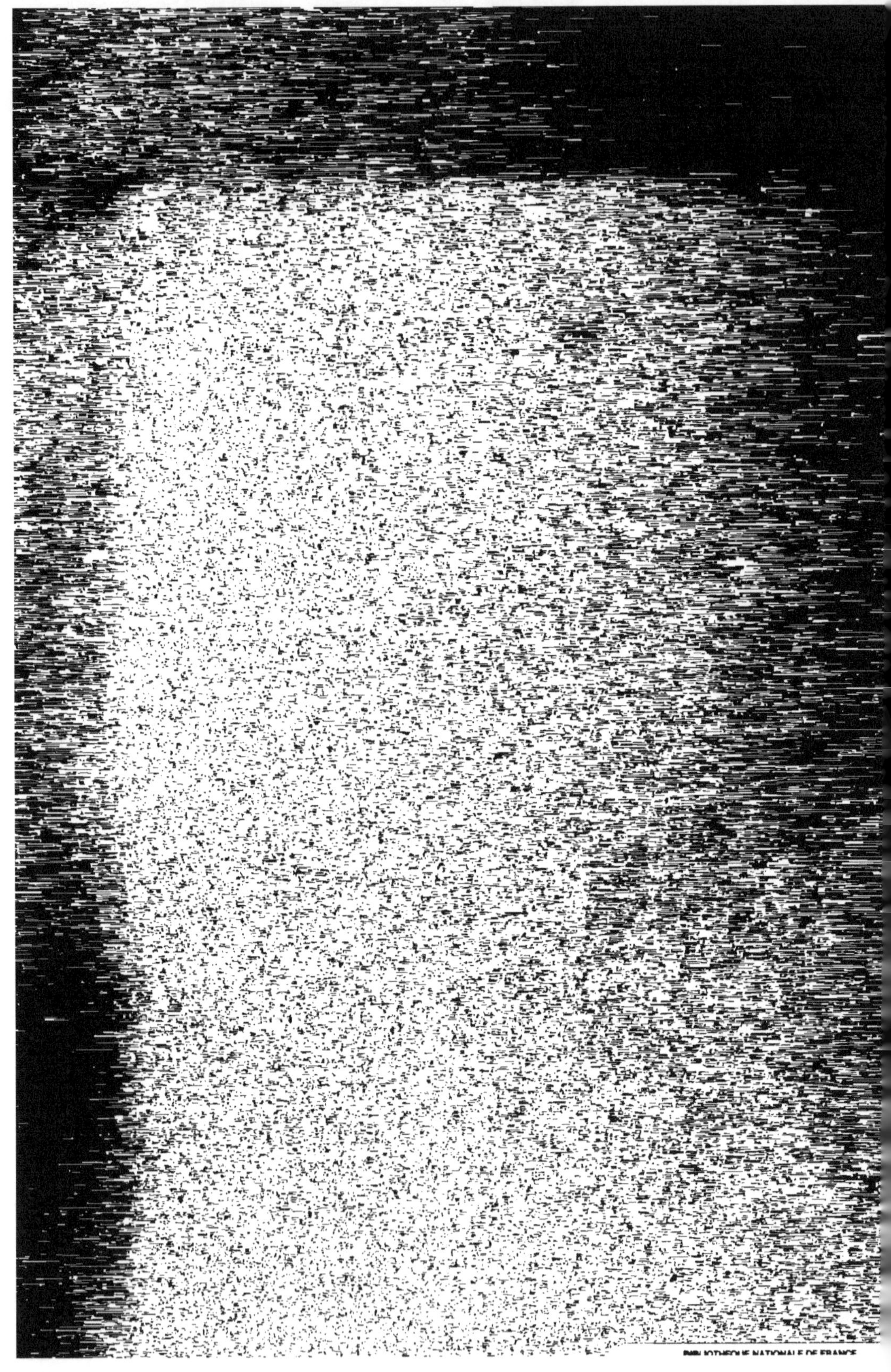